뜨개질하는
아버지

뜨개질하는 아버지

조원희 제3시집

도서출판 문심

시인의 말

매미의 절창에 여름 숲이 요동친다.
시련을 견딘 자에게 주어지는
영광의 순간
우리 모두 매미에게 집중할 수밖에 없다.
긴 인고의 세월에 비하면
터무니없이 짧은 행복
혼신 다한 우렛소리
온몸에 파고든다.
우리의 삶도
어쩌면 이와 다름없을 터.
오늘도 나는
여문 시의 알곡을 위해
성심 다해 글밭을 일군다.

2025년 8월
매미를 생각하며
조 원 희

| 차례 |

1부 당첨

13 메타세쿼이아
14 당첨
15 생명의 빛
16 꽃이 피는 이유
17 그리운 독도
18 강아지, 포대기를 정복하다
20 기장멸치축제
22 까치와 까마귀
24 나를 위로하다
26 동행
27 매화를 기다리다
28 딱새의 공격
30 매화에게
32 봄나들이
33 봉대산 홍매화
34 봄비
36 연화리 새해 일출
38 씀바귀의 투혼
40 질경이
42 기다림

뜨개질하는 아버지

2부 어머니의 돈

- 45 강원도 찰옥수수
- 46 내 사랑 청룡
- 48 담쟁이의 꿈
- 49 풀의 사명
- 50 방생
- 52 봉대산
- 53 빈자리
- 54 뿌리의 소망
- 55 새가 되려면
- 56 삶을 위하여
- 58 칡꽃
- 59 선행善行
- 60 소중한 가정
- 61 어떤 위안
- 62 신라의 충신 박제상
- 64 아름다운 양보
- 66 어머니의 돈
- 68 제비와 어머니
- 70 풀꽃으로 피어난 애국혼
- 72 생계를 위하여

| 차례 |

3부 무밭에서

75 가을볕
76 일광해수욕장
78 가을비 내리는 교정
79 고구마
80 쑥부쟁이
82 울릉도 취나물 꽃
83 무밭에서
84 어머니와 참깨 농사
88 뜨개질하는 아버지
90 무상無常
92 뭉게구름
93 사람이 되고 싶은 AI
94 솔나물꽃
95 안분지족安分知足
96 신발의 독백
99 단감
100 무궁화 머리 위로 올라간 호박꽃
102 음덕陰德
103 복 많은 우리 동네
106 착각을 넘다

4부 행운을 줍다

- 111 가장家長의 이름값
- 112 행운을 줍다
- 114 12월
- 116 갯바위의 선비
- 117 겨울 산
- 118 겨울비
- 119 공짜 없는 삶
- 120 망부석이 된 여인
- 121 무관심
- 122 영원하라, 자유 대한민국
- 124 욕심 나누기
- 125 정
- 126 출근하는 남편
- 128 건강이 최고
- 129 탁상시계
- 130 파도여
- 132 하늘
- 134 자유가 있기에
- 135 물새들의 낙원
- 136 행복은 언제 오는가
- 141 작품해설 - 강준철 시인

뜨개질하는 아버지

조원희 제3시집

1부

당첨

메타세쿼이아
당첨
생명의 빛
꽃이 피는 이유
그리운 독도
강아지, 포대기를 정복하다
기장멸치축제
까치와 까마귀
나를 위로하다
동행
매화를 기다리다
딱새의 공격
매화에게
봄나들이
봉대산 홍매화
봄비
연화리 새해 일출
씀바귀의 투혼
질경이
기다림

메타세쿼이아

연둣빛 새 옷으로 갈아입은
메타세쿼이아 눈이 부시다

갈빛 오점이 되어 매달린
차마 버리지 못한 묵은 정

기꺼이 소매 걷어붙인 시간
비바람 몰고 와 거두어 가면

시련에 힘겨웠던 지난날들
별빛 같은 추억 되어 가슴속에 잠들고

이제는 날개 활짝 펴고 목청 높여
찬란한 봄 길이 노래하리라

당첨

직박구리 한 마리
우리집
창가에 앉았다

겹겹이 쌓아 올린
아파트 탑 속에 별처럼 박힌
수많은 집들

그중에 고르고 골라
우리집에 앉았다

묵묵히 본분 다해 온
우리집 경사 났다

생명의 빛

혀를 날름거리며
하늘을 기어오르는
회색빛 건물 숲에 들어서면
언제나
초록이 그립다

큰 눈망울 굴리며
긴 손 뻗어와
목을 조르는
현대의 절대 강자
시멘트 점령군

줄행랑치는 내 영혼
사무치는 그리움에
그제야 고마워 눈물짓는
생명의 빛
초록!

꽃이 피는 이유

꽃이 피는 것은
단지 열매를 맺기
위함만이 아니다

오염된 우리 마음
아름답게 선량하게
가꾸기 위해

꽃은 아무도 몰래
긴 어둠의 터널 뚫고 와
혼신을 다해 피워낸다

그리운 독도

너는 저 멀리
동해 바다를 지키고
나는 뭍에 매달려
너를 그리고만 있다

세월은 자꾸만 흘러
나를 벼랑으로 내모는데
너도 꿈쩍을 안 하고
나도 꿈쩍을 안 한다

가려고 마음만 먹는다면
못 갈 것도 없으련만
무엇이 나를 꽁꽁 묶어
너에게 갈 수 없게 하나

강아지, 포대기를 정복하다

초로의 여인
포대기 두르고
중얼거리며 간다

품에 안은 강아지
너무도 사랑스러워
코를 박고 눈을 맞추며

사랑의 눈길 사랑의 말
주저리주저리
꽃잎처럼 뿌리며 가는데

추울세라 다칠세라
포대기에 싸인 금지옥엽
얼굴만 내민 채 멀뚱히 날 본다

호수처럼 깊고 밤처럼 검은
공같이 동그란 눈동자,
우윳빛 말티즈

서럽구나 서럽구나
포대기 빼앗겨버린
이 땅의 아기들이여!

기장멸치축제

오대양 멸치
기장 대변 바다로 몰려드니
세상 사람 모두 모여
축제를 즐긴다

풍성한 음식 활기찬 대변항
높고 푸른 하늘 아래
세상의 꽃들 미모 다투는
휘황찬란한 축제장

웃음과 즐거움의 도가니
허전했던 하늘도 덩실덩실
남녀노소 할 것 없이
신명에 몸을 맡기니

신명 뻗친 흥겨운 노랫소리
어깨춤에 쑥쑥 자라난 희망
거센 파도 넘고 넘어
세계 곳곳 달려간다

웅비하는 내일
빛나는 오늘 움켜쥔,
지구촌 명물
기장멸치축제여!

까치와 까마귀

까치 지저귄다
반가운 일 생기려나 싶어
괜스레 마음이 설렌다

온종일 들어도
싫지 않은 행복한 소리
까치 지저귀는 소리

까마귀 우짖는다
왠지 우울한 기분이 들어
그만 울라고 소리친다

들을수록 듣기 싫은
어둠의 소리
까마귀 우짖는 소리

반가운 일 생기지 않아도
까치 지저귀는 소리 정겹고

불행한 일 생기지 않아도
까마귀 우짖는 소리 울적하다

새들이 주고받는 소리
내 삶과 무관한데

어이하여 사람들 말만 믿고
효성 깊은 착한 새
눈물짓게 하는가

나를 위로하다

하루를 돌아보니
반성할 일도 많고
후회되는 일도 많다

어리석은 삶 하도 기막혀
머리 쥐어박다
앞산을 바라보니

못난 나무 잘난 나무
서로 어울려
아름다운 숲을 이룬다

있어도 없어도
표나지 않을
하찮은 삶이지만

나무둥치 아래
바닥을 기는
한 포기 풀로 살지언정

저 산 받드는
작은 힘은 될 성싶어
엷은 미소 하나
슬그머니 피워본다

동행

홀로 먼 길 걸어보니
사무치게 벗이 그립다

똑같은 길 똑같은 거리인데
구불구불 몸을 뒤틀며
천리만리 늘어나는 길

수려한 풍광 여기저기서
어서 오라 손짓하면은
함께할 정다운 벗 더욱 그립다

매화를 기다리다

추위가 맹위를 떨치던
겨울 한복판
두려움도 잊은 채

봄보다 먼저 달려와
반갑게
맞아주던 너

올해는 어이하여
봄이 먼저 와
애타게 널 기다리고 있구나

딱새의 공격

단지 운동한 것뿐인데
휘적휘적
신작로를 지나간 것뿐인데

딱새가 느닷없이 무차별 공격을 한다

어쩌다 적군이 되어
속수무책인 날 보호하기 위해
필사적으로 엎드렸다

단지 마음 편히 걸었을 뿐인데

사람이 죽으면
새가 되기도 한다는데
혹 연세 많으신 어머니께
무슨 변고라도

갑자기 울음이 터져 나온다

딱새의 목숨 건 공격 무서워
날 살려라 줄행랑치며 깨달았다
제 새끼 지키기 위함이었구나!

아, 내 어머니도 한평생 저렇게 사셨는데…

매화에게

매화야
너 없는 시간
참으로 길었어
방긋 미소 짓는 널 보며
곧 봄이 오겠구나
화창한 봄날을 맞겠구나
생각하니
괜스레 미소가 번졌어
봄보다 먼저 와
봄이 온다고
미리 알려주는 부지런한 너
어여쁜 너
사랑스러운 너
가지마다
등불 같은 꽃송이
보석 같은 꽃송이
조롱조롱 매달고 미소 짓는 너
너로 인하여
내 가슴에도 등불이 켜졌어

고마워 고마워
침묵하며 견뎌야 했던
인고의 시간들
비로소 꽃이 되었구나
어둠의 광기도
네 앞에서는
기운 잃고 마는구나

봄나들이

밭둑에 선 백옥 미인
가지마다 팝콘 같은
꽃송이 피워 놓고
센 바람 견딘다

농부가 밭을 일구고
거름을 뿌리고
씨앗을 뿌릴 동안

꽃밥 한 상 차려놓고
농부를 기다리는
아리따운 매화 아씨

대지도 질세라
아지랑이 피우며
응원하는 봄날

세상은
가슴 벅차도록
황홀하게 아름다웠다

봉대산 홍매화

봉대산 제일봉
잡목 잡초 더미 속
한 그루 홍매화
곱게 피었네

꽃이 지면
찾는 이 없어도
봄이 오면
행여 기다릴까 봐

올봄에도
잊지 않고 피어
내 마음
아름답게 물들이네

봄비

그대의 부드러운 손길에
내 마음은 언제나
사랑으로 물들어요

내 가슴에 촉촉 스며드는
그대의 따뜻한 마음
세상은
참으로 아름다워요

그대의 따뜻한 손길에
가슴을 열고 미소 짓는
작은 생명들
기지개 켜는 소리

그대의 손길에서 태어나
그대의 사랑 속에서
무럭무럭 자라나는 세상

세상은 가공할 무시무시한
힘이 아니라
따뜻한 마음이 건네는

사랑의 손길로 존재한다는 걸
그대를 보니 알겠어요

연화리 새해 일출

기장군 연화리
바다 멀리
수평선 찢고 나와
포효하는
금빛 생명

사방으로 날아가는
성스런 빛
천지가 꿈틀꿈틀
만물은 비로소 기지개를 켜고

갯바위에 올라서서
수평선 바라보며
경배하는 갈매기 떼

눈 비비며 일어나
장엄한 의식에 동참하는
크고 작은 배들

새해 아침
날개 퍼덕이는 소리
온 누리에 가득하다

씀바귀의 투혼

장미 그늘에 살던 씀바귀
잡초로 뽑힐 위기에 처했다

크고 화려한 꽃그늘에서
주눅 들고 기죽어 산 지난 세월

이제는 잡초 되어
호미질 앞에 망연히 서 있다

나름 열심히 살아왔기에
삶의 미련은 없지만

한바탕 멋지게 살아본 기억 없어
눈물 글썽일 때

씀바귀 눈에 비친
찬란히 빛나는 눈부신 오월

씀바귀는 혼신의 힘으로
노란 기적 피워냈다

- 꽃이 이리 예쁜데
  어찌 뽑을꼬…

질경이

시멘트에 둘러싸인
네모난 작은 빈 땅

벚나무 죽어나간 자리
질경이 종족 산다

비었다는 걸
어떻게 알고

바람이 데려다
주었나

봄비가 실어다
주었나

네모난 공간
빈틈없이 채워놓고

승리의 깃발 치켜든

질경이 종족

삶이란 이런 거라고
힘주어 가르친다

기다림

나목이 된 감나무
홍시 주렁주렁 매달았다

맛없는 감이라 소문이 나
사람도 새도 외면하여

가을 지나 겨울이 되어도
어느 누구도 찾는 이 없다

정성으로 키운 것들
숙명 앞에 고개 숙였으나

초목 스러진 겨울
꽃으로 활짝 핀 그대여!

희망은 그대의 것
기다리면 머잖아 임 찾아오리니

때로 기다림은 힘들어도
다정한 임 품에서 영원을 살지니

2부

어머니의 돈

강원도 찰옥수수
내 사랑 청룡
담쟁이의 꿈
풀의 사명
방생
봉대산
빈자리
뿌리의 소망
새가 되려면
삶을 위하여
칡꽃
선행善行
소중한 가정
어떤 위안
신라의 충신 박제상
아름다운 양보
어머니의 돈
제비와 어머니
풀꽃으로 피어난 애국혼
생계를 위하여

강원도 찰옥수수

빈틈없이 빼곡한 백옥 알갱이
영롱한 광채 눈이 부시다

누가 이토록 옹골지게 채웠을까
누가 이토록 윤을 낸 걸까

볼수록 군침 도는 황홀한 자태
귀하고 소중해 혼자 먹기 미안하다

먹어도 먹어도 자꾸만 먹고 싶은
알알이 행복을 부르는 환상의 맛

자연이 만든 최고의 걸작
신토불이 신토불이 노래 부른다

내 사랑 청룡

내 자전거 이름은
청룡이래요

탄탄하게 단련된
푸른 근육질 몸
바람도 부리나케
비켜서지요

두 발로 걷고 달리고
기름 한 방울 필요 없는
자연의 친구지요

고급차 외제차
폼 잡고 으스대도
관심 없어요

주차 걱정 필요 없고
좁은 골목도 척척
자동차의 허탈한 모습

바라볼 때면
휘파람 절로 나요

우리가 가는 길
바람도 친구 되어 따라오고
흰 구름도 함께 놀지요

강도 바다도
반갑다 노래 불러요

내 사랑 청룡!
영원히 함께할래요

담쟁이의 꿈

벽만 보이면
망설임 없이 오르는
담쟁이도
그 벽 찾지 못해
땅바닥만 길 때도 있다

땅바닥을 기면서도
벽을 찾아가는
머나먼 고행길

바람에도 끄떡없는
든든한 나무둥치
돌담을 찾는다면

파란 하늘 품속에서
천년을 사는
단꿈에 젖으리라

풀의 사명

사람들이 휘두르는
호미 괭이에 쫓겨나고

풀의 존재마저 거부하는
제초제에 생명을 빼앗겨도

우리가 사는 세상
푸르게 푸르게
지키기 위해

기필코,
보란 듯이
되살아나는 풀

방생

스님 큰 품으로 산
아나구 일백 마리

대여섯 마리씩
신도들 품을 떠나
고향으로 돌아간다

아나구도 사람처럼
생긴 모양은 비슷한데
성향은 각양각색

얼떨결이라 주춤주춤 머뭇거리는 아나구
좋아라 꼬리 흔들며 신나게 달려가는 아나구
다시 돌아와 고맙다는 인사인지 물끄러미 바라보고는
바다로 돌아가는 사람 같은 아나구

가슴이 찡해지며
서러운 마음 한 조각
바다에 떨군다

나무아미타불 나무아미타불
염불 소리 바다로 하늘로 달리고
그들이 건강하게 잘 살기를 염원하는 마음
반야심경으로 마무리

기쁜 마음으로 끝낸 방생
방생한 물고기 다시 잡아간다는
누군가의 씁쓸한 뒷담화

우리의 욕심은
얼마만큼을 필요로 하는지
내 욕심 한 덩이
바다에 던져버렸다

봉대산

봉대산 치마폭에
매달리는 동해 바다

하늘도 감탄할
신묘한 재주

수려한 풍광
사람의 발길 부르고

누군가는 나폴리보다
아름답다고 칭송하네

언제나 반갑게 맞는
정겨운 산 고마운 산

빈자리

청둥오리 떠난 개울
왜가리 한 마리
먹이 찾아 홀로 헤맨다

서로에게 관심 두지 않아도
웃음으로 들썩이던 곳
평화와 정적만이 머물고

실컷 먹어도
배부르지 않는 공허함
그리움에 애먼 개울만 헤적인다

뿌리의 소망

셀 수 없는 시간 속에 갇혀
광부의 삶을 살았습니다

물을 찾아 양식을 찾아
한평생 어둠 속을 헤맬 때도
결코 버리지 못한 작은 소망

천형의 등짐 잠시나마 내려놓고
눈부신 태양과 푸른 하늘과 자유로이
날고 있는 새들을 기쁘게 바라보고 싶습니다

밝음 속에서 축복 속에서
씩씩하게 자라고 있는 소중한 자식들
사랑스런 눈빛으로 바라보고 싶습니다

간절한 마음 물리치지 못해
단 하루만 허락한다 해도
정녕코 서러워하지 않겠습니다

새가 되려면

길에서 모이 쪼며 놀던 새
푸드덕 날갯짓 몇 번으로
너무도 가뿐하게
높은 담 너머로 사라진다

무거운 내 몸
한 자 넘기도 어려운데
몸의 무게만큼
날개도 커야 하는가

욕심껏 채운 몸
어쩌지 못하고
창공에서 활개치는
새들만 부러워한다

삶을 위하여

딱새 한 마리

먹이 찾느라 분주하다

열심히 땅을 헤집다가

부지런히 나무를 쪼다가

이리 포르르

저리 포르르

곳간 하나 가지지 못하고

기껏해야 제 배 채우면

그만인데

하루 종일 쉴 틈이 없다

살기 위해서 먹어야 하는

처절한 숙명

바라보고 섰는 내 배에서

꼬르르

꼬르르

신호를 보낸다

칡꽃

제 욕심으로 가득 찬
사악한 뱀 되어
선한 나무 칭칭 휘감아
생명 빼앗는 칡넝쿨

그런 칡넝쿨에게도
누군가를 향한
보랏빛 연모의 정
솔솔 피워낼 때도 있다

선행 善行

누군가
텅 빈 화단에 심어 놓은
대나무 몇 그루
바람과 어울려 푸른 춤을 춘다

빈 땅에 대나무
몸피를 키우듯
아무도 모르는 사이

그 누군가의
아름다운 사랑으로
어우렁더우렁 대밭이 되고
알록달록 꽃밭이 되고

세상은 그렇게
출렁이는 가을 들판처럼
곱게 여물어 간다

소중한 가정

벚나무 높은 가지
정성으로 지은
까치 둥지 한 채

성난 된바람
손 한 번 휘저으면
흔적도 없이 사라질걸

그래도
해코지하는
짐승이 더 무서워

까치둥지는
자꾸만 자꾸만
더 높이 기어오른다

어떤 위안

가죽나물 엄개나물 참나물
두릅나물 취나물 미역나물

몸에 좋은 잘나고 귀한 것들
몸보신에 모조리 잡혀가고

천대받고 멸시받는 잡목 잡풀
의기양양 산을 지키고 들을 지킨다

못난 것도 좋을 때가 있다고
천수를 누리기엔 그만이라고

속닥속닥 수런수런 산에 들에
물감처럼 번지는 안도의 웃음소리

신라의 충신 박제상

충신의 거룩한 이름
앞에만 서면
가슴이 먼저 알고
눈물을 흘린다

볼모로 간
동생들 그리워
밤낮 우는 눌지왕
충신도 함께 울고

옥체 상할까
애끓게 바라보는
충신의 가슴엔
붉은 꽃이 핀다

고구려에 볼모로 간
둘째 동생 복호
가까스로 구해
함께 돌아왔으나

일본에 볼모로 간
셋째 동생 미사흔
목숨을 걸어야 하는
위험천만한 길

사랑하는 가족보다
부인의 처절한 절규보다
더 크고 무거웠던
신하 된 도리

떠나는 배 위에 서서
눈물로 바라본
멀어져가는 조국의 산하
갈매기도 슬피 우는데

임무는 완수했으나
충신은 형장의 이슬로 사라지고
사후에 내려진 벼슬보다
더 소중한, 사랑하는 임이여!

아름다운 양보

봉대산 발치에
넙죽 엎드린 우리 마을

아파트 여섯 동이 통째로
마을로 둔갑

어이없는 봉대산
힘껏 발로 차 보지만

껌처럼 달라붙어
꿈쩍 않는 신생 마을

아름다운 하늘
산 위를 맴도는 구름

더디게 지나가는 달님
마음은 황홀 속에 잠들고

야단치기에도 지친 봉대산
가만히 등을 내민다

어머니의 돈

늙으신 어머니가
자꾸만
돈을 주신다

받으면 기분 좋은 게
돈인데

어머니에게 돈을 받으면
왜 그런지 눈물이 난다

어머니 돈에는
눈물이 가득 차 있는지

받을 때마다
눈물이 난다

참아도
참아도

자꾸만 자꾸만
눈물이 난다

제비와 어머니

시골 고향집에는
제비 한 쌍
어머니와 함께 산다

고양이 등쌀에
새끼 잃고
처마 높은 집으로 피신했지만
하늘이 소낙비 거두면
쏜살같이 하늘 미끄럼 타고
부리나케 달려온다

둥지 떠난 새처럼
고향집 두고
훨훨 날아간 자식들

제비는 그 마음 아는지
어머니 생신 맞춰
간만에 고향 온 자식들에게
나무라듯 흉보듯

잔소리가 심하다

일곱 형제 빈자리
당신 가슴속에 난
그 큰 구멍
무엇으로 메울까

찌배 찌배 찌찌배
제비 한 쌍
입 아프게 일러주어도
청맹과니 못난 지식
제 앞가림만 급급하다

풀꽃으로 피어난 애국혼

저절로 피어나
세상을 아름답게
가꾸는 풀꽃

사랑도 꿈도
행복도
먼 미래에 맡겨두고

오로지
이 나라 이 땅
이 백성 위해
혼신으로
꽃을 피운다

적군의 구둣발에
별빛 같은 꿈
짓밟히고 뭉개져
형체마저 희미해도

풀꽃일망정
정성으로 피워내
내 고장 내 나라 위해
활활 타오르고픈
붉은 마음이여!

청잣빛 하늘 아래
찬란히 빛난다

생계를 위하여

목숨 줄에 매달린
삶의 격전지

견인차 번쩍번쩍
빛깔 곱다

사고치는 차
어디 없나

이쪽 저쪽
두리번 두리번

눈동자 구르는 소리
요란하다

3부

무밭에서

가을볕
일광해수욕장
가을비 내리는 교정
고구마
쑥부쟁이
울릉도 취나물 꽃
무밭에서
어머니와 참깨 농사
뜨개질하는 아버지
무상無常
뭉게구름
사람이 되고 싶은 AI
솔나물꽃
안분지족安分知足
신발의 독백
단감
무궁화 머리 위로 올라간 호박꽃
음덕蔭德
복 많은 우리 동네
착각을 넘다

가을볕

그대와 함께 있으면
꽃길을 걷는 듯
그저 기쁘기만 합니다

하루 종일 들어도
싫지 않은 그대의 숨소리
그대의 따뜻한 미소

그대의 손길에 들판은 여물고
그대의 미소에
과일은 단맛을 채웁니다

은혜로운 그대여!
그대의 따스한 품속에서
들판은 풍년가를 부릅니다

일광해수욕장

사람들은 여태
생각하지 못했을 거야

절개 곧은 선비
눈물 고인 유배지
하늘이 그 눈물
기억하셨을 줄

도심의 변두리
무시당하던 설움
하늘이 그 아픔 알아
유달리 사랑하시어

세상에 존재하는
아름다운 것 중
최고로 아름다운 것
골라 주셨을 줄

온몸이 뿜어내는
성스러운 기운
선비의 붉은 마음
하늘에 닿아 닿아서

충절의 고장, 기장
어진 사람들의 가슴 가슴에
아름다운 꽃 한 송이
고이 안겨 주셨을 줄

가을비 내리는 교정

아이들이 떠난 교정
가을비 채운다

왁자한 아이들의
웃음소리
교정을 맴도는데

가만히 불러 모아
다독이는 가을비

비는 어디에서 와서
누구를 위하여
내리는 것일까

묵묵히
아이들의 빈자리만
토닥이는 가을비

고구마

만삭의 대지
산고를 알리니
산파가 된
농부의 손길 바빠진다

해산을 끝내고
나자빠진 대지 위에
줄줄이 누운
가을 옥동자들

벌거벗은 몸
부끄러워 하도 부끄러워
자꾸만 자꾸만
얼굴은 붉어지고

쑥부쟁이

텃밭 가에 쑥부쟁이 심었네
봄이 되면 나물이 되고
가을이 되면 꽃을 피우는
쑥부쟁이 정성 들여 심었네
그러나 쑥부쟁이 엄청난 종족 욕심
주인은 이성을 잃고 말았네
작물 심은 밭까지 침투하는
쑥부쟁이 두고 볼 수 없었던 것
싹을 틔우면 뽑고 싹을 틔우면 뽑고
텃밭 가 쑥부쟁이 가련한 쑥부쟁이
주인은 찬바람 일으키며 사정없이 뽑았네
지난날 함께한 다정했던 시간들
차마, 차마 송두리째 뽑을 수 없어
주인은 텃밭 귀퉁이에 조금 남겨 두었네
그나마도
길손들 불편하다고 크면 베고 크면 베고
어느새 난쟁이가 되어버린 쑥부쟁이
들판은 가을로 출렁출렁
모두들 아름답게 익어 가는데

가을을 놓칠 수 없어
애태우던 쑥부쟁이
매몰찬 주인 잠깐 방심한 사이
보랏빛 연보랏빛 어여쁜 꽃들 얼른 피워냈네
지난날 과오
부끄러워 고개 숙인 주인
아름답고 착한 쑥부쟁이
고운 미소로 따뜻이 안아주었네

울릉도 취나물 꽃

텃밭에 고이 핀
울릉도 취나물 꽃
한 움큼 꺾어와
꽃병에 꽂았네

햇살에 빛나고
바람결에 나부끼는
요정처럼 어여쁜
별을 닮은 꽃이여!

욕심에 눈이 멀고
내 사랑만 중하여
그대의 아픔
미처 알지 못했네

무밭에서

통통히 살이 오른 무밭
한 편의 드라마다

좁쌀만 한 씨
대지의 품에 안긴 지 두어 달

대지가 키웠는가
태양이 키웠는가

아무도 자신의 공이라고
내세우지 않는데

궁금증 높아갈수록
까닭 모를 부끄러움만 밀려들고

어머니와 참깨 농사

어머니 살아생전 효도하자는 기치 아래
자주 고향에 내려가기로 다짐했다

형제는 많아도 모두가 사정이 있어
콧물 재채기 심해 정신 혼미해도
안 가면 평생 후회할까 봐
험난한 가시밭길도 뚫고 가기로 했다

건강해야 사람의 도리도
가능하다는 걸 절실히 깨달으며
가기 전 어머니께 전화를 드렸다

- 엄마, 이번 주 토요일 내려갈게요.

- 지금 농사일 바쁜데 오지 마라.
  신경 쓰이고 걸거친다.

그 말씀 들으니
수확의 재미에 빠져 있을

어머니 모습 생생하다

갑자기 없던 흥이 돋아

- 엄마, 그렇게 항상 건강하셔요.
　참깨 수확하면 다 팔아드릴 테니
　아무 염려 마시고요.
　엄마, 나 믿지?

어머니 연세 아흔
내일을 알 수 없는 나이
다른 건 힘들다며
참깨 농사를 많이 지었다

덩달아 올해 참깨 농사 풍년

하지만
요즘 사람들은 편한 걸 좋아해
아무리 깨끗이 씻어 말려서 판다 해도

모두가 도리질이다
덤으로 얹어준다고 해도
고개를 돌린다

점포를 가진 것도 아니고
장바닥에 좌판을 벌일 수도 없는 처지
누구에게 파나
어떻게 파나
눈앞이 캄캄

저질 체력 이끌고
먼 길 갈 생각에 걱정이 태산인 나에게
바쁜데 오지 말라는 그 말씀
어찌나 반갑고 기쁘던지
건강해서 내가 귀찮고 성가시다는
그 말씀
어찌나 고맙고 감사하던지
참깨 팔 능력도 없으면서
큰소리 탕탕 쳤다

농사지어도 판로가 없어
무능한 딸만 바라보고 계신
어머니

걱정한다고 답은 없어
하늘 바라보며
슬그머니 미소 짓는다

뜨개질하는 아버지

아버지는 남이 버린
털옷 구해
일일이 풀어서 실패에 감은 다음
알록달록한 털실로 뜨개질을 하셨다
옷이며 양말이며 모자 장갑 등
뭐든 척척 만들어내셨다
남자인 아버지가
뜨개질하는 모습 하도 신기해
어깨너머 배운 실력으로 나도 뜨개질을 했다
그러나 나는
아버지처럼 잘하지 못하고
어쭙잖게
아버지 그림자만 좇는
졸작만 거듭거듭 만들어냈다
아버지의 노련한 손길이 빚어내는
털실의 화려한 변신
한 땀 한 땀 속에 켜켜이 쌓인
아버지의 빠른 손놀림
뜨개 작품 완성될 때마다

배꽃같이 피어나던 아버지의 하얀 웃음
세월이 흐를수록
더욱 그리워진다

무상無常

가파른 산길 한복판
몸의 쉼터
마음의 쉼터가 되어
사람들의 사랑
홀로 독차지하던

날이 갈수록
세월을 먹을수록
더욱 늠름한 모습으로
하늘 향해 포효하던
우람한 키 큰 소나무

재선충 직격탄 맞아
흉물 되니
자연이 주는 은혜는 변함없으나
죽은 몸
응답이 없고

산새도
바람도
사랑 주던 사람들마저도
못 본 척
지나가는구나

뭉게구름

대지에 바람의 횡포
극심하여 단단히
옷자락 붙잡는데

높디높은 하늘 마당에 누워
한가로이 쉬고 있는
뭉게구름 요동이 없네

높을수록 높이 올라갈수록
바람의 기운 왕성하고
광활한 우주 피할 곳 없는데

새털같이 가벼운 몸으로도
바위처럼 꿈쩍 않는 저 뚝심
저 초연함, 본받고 싶네

사람이 되고 싶은 AI

AI가 시를 쓰네
기계가 시를 쓸 줄도 아네

AI가 사람이 되려 하네
지구를 잠식해 가는 AI

그들이 모두 사람이 되면
우리는 어디로 가야 하나

솔나물꽃

가을 하늘 향해
치켜든
눈부신 황금 성화

못 견디게 아름다운
절세가인의 자태

볼수록 빠져드는
현란한 춤사위

고이 꺾어
간직하고픈 마음
파도처럼 요동친다

어이 할 거나
어이 할 거나

해는 걸음을 재촉하는데
나는 망부석 되어 서 있네

안분지족安分知足

배를 채운 청둥오리
볕살 이불 덮고
꿈나라 여행 중이다

배고프면 먹이 찾고
배 채우면
미련 없이 뭍으로 올라와
오수午睡를 즐긴다

번뇌도 모르고
욕심도 모르는
저 고요함

신발의 독백

난 늘 바닥 인생

운명이 아니라 숙명이지

내가 만약 하늘을 나는 용이 된다면

그건 나의 죽음이야

개똥밭에 굴러도

이승이 좋다는 말 잊은 적 없어

내 삶이 힘들수록

그 말은 더욱 생생하게 들려

그래, 죽음보다 삶이 낫지

내가 잘할 수 있는 일

열심히 하는 것도 삶이 준 선물

내가 만약에 머리 위로 올라가

모자가 되면 얼마나 우스꽝스럽겠어

자신의 본분을 아는 건 중요한 일이야

내게 주어진 바닥 인생, 결코 나쁘진 않아

누구에게나 차별하지 않고

동등하게 편안한 걸음을 선사하지

그건 슬픈 일이 아니야

세상에 태어나 보람 있는 일을 했다는 것

그건 무척 소중하고 의미 있는 일이야

내게 주어진 바닥 인생

내가 잘할 수 있는 바닥 인생

좋아, 멋지게 열심히 살아볼 거야

단감

단감의 유혹은 피할 수 없네

바위처럼 단단한 근육질
이슬 젖은 풀잎처럼 싱그러운
탱글탱글한 살결
소녀의 미소처럼 윤나는 피부

입안에 담기는 달콤한 유혹
행복을 풀무질하는
끝 모를 매력

가을이 내게 하는 인사였네
가을이 내게 주는 기쁨이었네
가을이 내게 베푼 사랑이었네

무궁화 머리 위로 올라간 호박꽃

만발한 무궁화꽃
꽃가지 넘고 넘어
무궁화 머리 위로 올라간
호박꽃
황금빛 뽐내며
으스댔네
들판에 핀 달처럼
빛나는 환한 얼굴
자신감 충만한 호박꽃
무궁화꽃에게
과감히 도전장 내밀었네
홀로 있어도 자태 눈부신
오묘한 보랏빛 매혹적인
무궁화꽃
다가서기도 전에
호박꽃 빛을 잃고 말았네
목 쭉 뽑아
황금색 외모 자랑해 보지만
행인은 못 본 척

지나가고
꽃이니 사랑해줄 거라고 좋아했건만
누구도
쓰다듬어 주는 이 없네
그때서야 알았네
호박꽃
자신을 너무 몰랐다는 것
고개 숙인 호박꽃
낙심한 호박꽃에게
꽃이 전부가 아니라고
꽃보다 더 귀한 걸 가졌다고
벌 나비 찾아와
용기 북돋아 주네

음덕 蔭德

명을 다한 잡풀만
주검처럼 누워있는
황량한 벌판

연보랏빛 꽃잎에 노란 꽃술 단
쑥부쟁이 한 떨기
홀로 소담스럽게 피어

그 아름다움
눈이 부시네

어둠이 있어야 빛을 내는
밤하늘의 별처럼
쑥부쟁이 한 떨기

저리도
아름다운 꽃이 될 수 있는 건

천지를 밝혀주는
태양이 있기 때문이라네

복 많은 우리 동네

우리 동네는 참 복이 많아요
잘 나서 인기 많은 봉대산이
언제나 품에 안고 살아요

우리 동네는
참 복이 많아요
재주 많은 이웃 덕
톡톡히 보고 있어요

윤선도 선생 얼이 깃든
죽성리 이웃
멸치축제로 이름난
대변리 이웃
일광해수욕장으로 이름난
삼성리 이웃

수려한 풍광으로 이름난
오랑대 이웃 해동용궁사 이웃
바다 먹거리로 이름난

연화리 이웃

우리나라 사람
외국 사람
열 일 제치고
몰려와요

우리 동네는 참 복이 많아요
태양의 뒷배 믿고 날뛰던 땡볕
얼씬도 못해요
시원하고 상쾌한 바람
산이 가져오고 바다가 실어와요

별도 달도 놀다 가는
우리 동네 사랑방
진달래공원
이름도 예쁘고 마음씨도 고운
우리 동네 복덩이지요

우리 동네는 참 복이 많아요
서로 나누고 배려하고
도와가며 살아가는
인정 많은 사람들
오손도손 재미나게 살아요

착각을 넘다

내 몸에 날개가 있기에
내가 새인 줄 알았지 뭐야

그런데 아무리 날갯짓을 해도
작은 담장 넘는 것도 힘들었어

그래서 나는 법을 배우기로 했어
포기하지 않고 열심히 배우면

머지않아 나도 저 푸른 하늘을
멋지게 날 수 있을 거라 믿었어

그런데 아, 그런데 말이야
아무리 배워도 아무리 노력해도

하늘을 난다는 것은 여간 힘든 일이 아니었어
꼬꼬댁 목소리만 우렁찬 닭인 줄 몰랐던 거야

큼직한 날개가 달렸기에 진짜로 진짜로

바보같이 내가 새인 줄 알았지 뭐야

세상에 노력으로도 안 되는 게 있더라고
바꿀 수 없는 게 있더라니까, 그참

그래도 한계를 극복하기 위해 배우고
열정을 쏟는다는 건 대단히 멋진 일이야

날아오른 담장 높이가 훨씬 높아졌지 뭐야
햐, 예전엔 감히 꿈도 꾸지 못한 일이었어

뜨개질하는 아버지

조 원 희 제3시집

4부

행운을 줍다

가장家長의 이름값
행운을 줍다
12월
갯바위의 선비
겨울 산
겨울비
공짜 없는 삶
망부석이 된 여인
무관심
영원하라, 자유 대한민국
욕심 나누기
정
출근하는 남편
건강이 최고
탁상시계
파도여
하늘
자유가 있기에
물새들의 낙원
행복은 언제 오는가

가장家長의 이름값

하루를 준비하기 위해
고단한 몸 일으키는 남편
풍성하고 새까맣던 머리카락
된서리 맞아 하얗다

아내란 이름으로
가족이란 이름으로
부리고 생채기 내어
고왔던 몸
폐허가 되었다

가장이란 이름값 하기
그 얼마나 힘들고
어려운 일이던가

가장이 짊어진
천근의 무게
이제는 부디
새털같이 가볍기를

행운을 줍다*

산길에
행운
우수수 우수수
떨어져
있다

어쩌다 저 귀한 행운
떨어뜨리고 갔을까
얼른 주워 봉지에 담았다

달아나지 않게
꼭
꼭
묶었다

알밤같이 석류 속같이
잘 여물어 알이 꽉 찬
윤나는 행운들

내 꿈
행운을 주워 먹고
파다닥
파다닥
창공을 누빈다

* 일본의 소설가 무라카미 하루키가 길가에 떨어진 쓰레기를 줍는 것은 행운을 줍는 것이라고 한 말에서 착안한 것임.

12월

마지막 달력에 매달려
몸피 키우는
들판 식구들 분주하다

햇살 가득 마신
무와 배추의
터질 듯 부푼 볼

하늘에서는
까치가 날고
참새가 날고

새들이 지저귀는 소리
허공에 가득 차도
시끄러운 줄 모르겠다

아직 나무를 떠나지 못한
미완성 주홍 감,
홍시 만들기에 박차를 가하는데

나는 올 한해
무엇을 이루었는지 까마득하여
그저 먼 하늘만 하염없이 바라보고

갯바위의 선비

갯바위에 웅크리고 서 있는
백로 한 마리

견딜 수 없는 굶주림 어쩌지 못해
바닷가 홀로 서성인다

아름다운 풍광도 고고한 자태도
배고픔을 해결하지 못하는데

해초에 몸을 숨긴 물고기들
좀체 모습을 보이지 않고

다시 한번 각오 다지며
백로는 움츠렸던 목 길게 뺀다

겨울 산

소나무 사철나무
윤나게
푸른 잎 가꾸고

활엽수 매달리는 잎
떨구지 못해
바람의 손길 기다린다

산길에 뒹구는 낙엽
출처를 따진들
무슨 의미 있으랴

간간이 존재를 알리는
산새의 지저귐
그저 반갑고 고맙다

겨울비

겨울바람 휩쓸고 간 자리
사랑의 손길 바쁘다

한 해의 결실 끝내고
고단하게 누운 대지

힘들었던 지난날들
시간이 데려가고

텅 빈 쓸쓸한 대지마다
추억을 심는 겨울비

공짜 없는 삶

바다가 살아있기에
쉼 없이 물결이 일고
작은 바람에도
갈기 세우는 파도

내가 살아있기에
크고 작은 시련
성가신 손님처럼 찾아오고
반갑지 않은 근심 걱정
잡풀처럼 돋아난다

망부석이 된 여인

사랑보다 그리움보다
더 무섭게 더 모질게
온 가슴 태우는
붉은 마음 한 조각

그 마음 어쩌지 못해
기어이
먼 길 가버린
야속한 임이여!

기약 없는 기다림
애끓는 마음 돌이 되어
사모하는 임 그리며
먼 바다만 지키고 섰구나

무관심

파릇파릇 좋은 시절
맛난 과즙 매달릴 때
지나던 길손마다
사랑 노래 부르더니

열매 사라지고
잎마저 바래지니
아무리 얼굴 내밀어도
바라보지 않는구나

영원하라, 자유 대한민국

청명한 가을 하늘
든든한 지원 속에
유람을 떠났다

계절이 가꾸고 단장한
꽃과 나무들
어서 오라 손짓하고

길게 누운 고속도로 등을 타고
거침없이 달려가는 날개 돋친 관광버스

금수강산 방방곡곡
어딜 가든 이웃같이
인심 좋고 살기 좋은

아름다운 내 나라
자유 대한민국

철통같이 지켜
영원토록 자손만대에
물려주고 싶다

욕심 나누기

욕심 한 덩이 뚝 떼어
울고 있는
튀르키예 사람들에게 보냈다

내 욕심 한 덩이
산 넘고 바다 건너
지진으로 신음하는
튀르키예 가더니
추위 막을 옷이 되고
다친 이의 약이 되었다

존재감 없고 보잘것없는
내 욕심 한 덩이
누군가에게 큰 힘이 되었다

정

초로의 부부
두 손 꼭 잡고
마주 보며 웃으며
다정히 걷는다

아름다운 청춘
물러간 자리마다
남겨진
세월의 흔적들

걸음걸음 웃음소리
꽃잎처럼 떨어지고
지우고 싶은 세월의 흔적도
별이 되어 빛난다

출근하는 남편

남편이 출근을 한다
든든한 남편 덕에
마음 편히
성전을 지키는 나는
복 많은 여자

모래밭에 박힌
거추장스런 갯바위처럼
가슴속에 따리 튼
옹이 몇 개
남편의 뒤통수
뚫어져라 노려본다

은하수 별만큼
잘한 일 많은데도
어쩌다 잘못한 일
몇 개 때문에
비수를 맞고 사는
가여운 남편

오로지 가족 행복 위해
스스로 가마우지 된 가시밭길
이제는 비수 대신
미소 한아름 안겨 주리라

건강이 최고

달콤한 유혹에 빠져
장염의 덫에 걸렸다

복통 너무 심해 떼굴떼굴 뒹굴었다
열은 체온을 가볍게 눌렀다

장염 침투시킨 주범 미친 듯 찾았으나
용의자 너무 많아 단정하기 어려웠다

죽음이 기척도 않고 시시각각 찾아와 겁박하니
현대의학 한의학 민간요법 필사적으로 매달렸다

고군분투하다 용케 장염 물리쳤다
몸이 웃으니 그제야 마음이 웃는다

탁상시계

시간을 끌고 달려가는
저 초침 기세 좀 보게

천리마보다 빠르고
바람보다 날쌘 저 발걸음 좀 보게

눈 깜짝할 새
고지를 탈환하네

천천히 가도
달라질 건 없는데

무엇이 급해서
저토록 애달아 달려가나

파도여

삐죽빼죽 솟아있는
갯바위 기어올라
두들기고 쪼개고
다듬는 석공의 정 소리
웅장하다

매끈하게 다듬어져
미녀의 살결같이
부드럽고 날렵한
조약돌 몽돌

인고의 세월 속에
묻어둔 장인의 눈물
장식처럼 새기고
일광욕 즐기는데

먼 바다 응시하던
가시 세운 갯바위
얌전히 몸을 맡기고

먼 데 있다 몰려와
추임새 놓는 갈매기들
석공의 정 소리
힘차게 날아오른다

하늘

하늘은 귀도 밝고
하늘은 마음씨도 곱다

공원에 어르신 서넛 앉아
중부지방은 비가 오는데
남부지방은 비가 오지 않는다며
장마가 장마 구실 못한다고
하늘 보며 구시렁댔다

산이 기를 쓰고 키를 높여도
닿을 수 없는
끝없이 넓고도 높은 하늘

어르신 구시렁대는 소리
용케 알아듣고
서둘러 비구름 몰고 와
남부지방 촉촉이
비를 내리신다

하늘 가슴에다 보란 듯이
로켓 펑펑 쏘아대며
달나라 별나라 간다고 호들갑 떨면서도
사람의 목숨 줄 쥔
비 한 방울 내려주지 못하는
첨단과학문명

부끄러운 줄 모르는 사람들
온갖 이유와 핑계 많아도
하늘은 그저
생명 살린 큰일 하고도
말이 없다

자유가 있기에

거리를 메운 사람들
용서도 배려도 잊은 채
저들의 권익을 위해 똘똘 뭉쳤다

징 소리 꽹과리 소리 함성소리
도로를 달리고 대지를 흔들고
내 가슴 후려치고 하늘을 찔러댄다

자신의 목소리 낼 수 있는 건
배고프다 배 아프다 울 수 있는 건
자유, 자유가 있기에 가능한 일

물새들의 낙원

몸 쉴 곳
마음 쉴 곳이면
갯바위든 부표든 나무판자든
가리지 않고 망중한 즐기는
행복한 물새들

파도는 쉼 없이
먼 나라 이야기 부려놓고
태양은 고뇌의 이랑마다
고운 손길로 어루만지니
물결은 아기처럼 순하다

하늘도 대지도 푸름을 더하니
세상은 생명의 에너지로 출렁이고
한 줄의 글도 한마디의 말도
필요치 않는
기장 연화리 바닷가

행복은 언제 오는가

아버지와 어린 남매
춤추듯 산을 내려온다

물어보지도 않았는데
남자아이 주먹 펼쳐 보이며
한주먹 주운 알밤, 도토리
자랑이 구수하다

잘 여물어 토실토실한
알밤보다
꼽사리 끼어 수줍은 듯 누운
도토리보다
어린 남매의 활짝 핀 얼굴에
눈길이 머문다

젊은 아버지의
맑은 얼굴에 솟아나는 기쁨

행복이
미리 와 있었던가 보다

뜨개질하는 아버지

조원희 제3시집

서평

강준철 (시인)

조원희 제3시집 『뜨개질하는 아버지』

세계를 어떻게 자아화하였는가

강준철 | 시인

사물을 보는 방법에는 여러 가지가 있다. 따라서 비평의 방법에도 여러 가지가 있다.
어떤 비평만이 좋다고 말할 수는 없다.
본고는 신비평과 구조주의 비평의 입장에서 작품을 보고자 한다. 그리고 한 작품에는 다양한 층위가 있는데 그것을 다 볼 수는 없다. 따라서 이 글은 총체성이 아니라 부분을 보는 데서 그칠 수도 있다.

1. 자연에서 배운다

1부의 시들은 자연과 계절과 관계되는 시들이 많다.
「메타세쿼이아」, 「꽃이 피는 이유」, 「매화를 기다리다」, 「매화에게」, 「봄나들이」, 「봉대산 홍매화」, 「연화리 새해 일출」, 「씀바귀의 투혼」, 「질경이」 등이 그것이다.

> 연둣빛 새 옷으로 갈아입은/메타세쿼이아 눈이 부시다//갈빛 오점이 되어 매달린/차마 버리지 못한 묵은 정//기꺼이 소매 걷어붙인 시간/비바람 몰고 와 거두어 가면//시련에 힘겨웠던 지난날들/별빛 같은 추억 되어 가슴속에 잠들고//이제는 날개

활짝 펴고 목청 높여/찬란한 봄 길이 노래하리라//

- 「메타세쿼이아」 전문

먼저 리듬을 살펴보면, 리듬은 5연, 각 연은 규칙적으로 2행이며, 대체로 3음보로 짜여 있다. 구성은 수미상관법으로 안정적이다. 이미저리는 〈연둣빛 새옷, 별빛, 비바람, 봄 : 갈빛 오점, 묵은 정 = 밝음 : 어둠〉의 대립적 이미지로 짜여 있다. '비바람'은 보통 어두운 이미지로 사용되지만 여기서는 시련을 해소하는 이미지이기 때문에 밝은 이미지로 볼 수 있다. 이 시에는 의인법을 바탕으로 한 은유, 상징, 직유법, 활유법 등 다양한 수사법이 사용되어 있다. 그리고 2연과 3연에 낯설게하기가 있다. 어조는 새로운 기운을 얻은 기쁨을 노래하기 때문에 약간 흥분된 목소리다. 화자가 사물을 대하는 거리는 긍정적이다.

내용적인 면을 살펴보면, 이 시의 정서는 기쁨이고 희망적이다. 시간의 흐름을 보면, 〈현재 - 과거 - 미래〉로 진행되어 어두운 이미지가 밝은 이미지로 전환되면서, 기억과 의미가 재구성되고 있다. 이는 자아가 자연과의 교감 속에서 얻은 것이다.

이 시는 고난을 극복하고 새 희망을 노래한 것으로 보인다. '갈빛 오점'은 고난이나 시련의 은유이다. 화자는 이런 오점에 대한 '묵은 정'(미련)을 버리고 "찬란한 봄을 길이 노래하겠다"는 의지를 드러낸다. 심층구조는 〈밝음 : 어둠〉의 대립체계로 볼 수 있다. 독자는 이 시에서 화자의 버리지 못하는 어두운 생의 어떤 지점에 대한 집착(미련)과 그것을 극복하려는 강렬한 욕망을 읽을 수도 있다.

이상을 종합해 보면, 3음보의 안정적 리듬이 이 시의 정서와 잘 어울리며, 수미상관법의 구성이 주제를 강조하는 역할을 하고, 밝음과 어둠의 대립적 이미저리가 심층구조를 잘 드러내고 있으며, 다양한 수사와 낯설게하기가 이 시의 예술성을 높이고 있고, 시련을 극복하고 새로운 삶을 꿈꾸게 하는 희망을 밝음과 어둠이라는 대립적 이미지로 선명하게 그려냄으로써 큰 울림을 주고 있다.

기장군 연화리/바다 멀리/수평선 찢고 나와/포효하는/금빛 생명//사방으로 날아가는/성스런 빛/천지가 꿈틀꿈틀/만물은 비로소 기지개를 켜고/갯바위에 올라서서/수평선 바라보며/경배하는 갈매기 떼//눈 비비며 일어나/장엄한 의식에 동참하는/크고 작은 배들//새해 아침/날개 퍼덕이는 소리/온 누리에 가득하다//

- 「연화리 새해 일출」 전문

이 시는 새해 일출 광경을 본 감회와 감동을 노래한 시다. 먼저 형식을 보면 리듬은 5연이고 각 연은 5, 4, 3행으로 불규칙적이다. 그런데 음보율을 보면 2음보가 중심이다. 구성은 5연이 시간적 순서로 전개되어 있다. 이는 시간적 순서에 따라 풍경이 달라지고 느낌도 달라지는 것을 드러내려고 하다 보니 자연 그렇게 된 것 같다.

이미저리를 살펴보면 〈금빛 생명, 빛 : 만물, 갈매기, 배 = 천상적 : 지상적〉의 공간적 대립체계를 이루고 있다. 그러나 대립되지만 화합하여 하나가 되는 세계다.

수사는 활유법, 은유, 의인, 상징 등이 사용되어 의미를 풍성하게 하고 있다. 낯설게하기는 1연의 "수평선 찢고 나와", 3연의 "경배하는 갈매기", 5연의 "날개 퍼덕이는 소리"에 나타나 있다. 어조는 매우 경건하다. 거리도 적당하다.

　내용면을 보면, 화자는 이 시에서 새해 일출에서 우주의 하나 되는 장엄한 모습을 보고 경건한 태도를 취한다. 이 시의 정서는 경건함, 성스러움, 장엄함, 기쁨 등이다. 주제는 우주의 생명력에 대한 감동이라 할 수 있다. 심층구조는 천상과 지상 즉 우주의 화합이다.

　종합적으로 보면, 리듬은 경쾌하고 힘찬 정서를 잘 담아내고 있으며, 이미저리는 천상적인 것과 지상적인 것의 대립으로 짜여 있지만 그것들이 화합의 세계를 잘 형상화하고 있고, 다양한 수사는 시를 생동하게 하고, 낯설게하기는 독자들에게 쾌감과 신선함을 선사하고 있다. 경건한 어조는 이 시의 장엄함을 드러내는 데 기여하고 있다.

　그리고 이 시에서 우리는 시인의 자연관을 볼 수 있는데 그것은 자연을 이루는 각 요소들이 각각 별개의 것으로 존재하는 것이 아니라 서로 연결되어 있으며 화합한다는 것이다. 그리고 시의 끝 연에서 "날개 퍼덕이는 소리/온 누리에 가득하다"고 하였는데 이것은 화자와 자연의 관계를 드러내는 것으로 물아일체의 경지로 볼 수 있다. 천상과 지상과 인간이 하나가 되는 장엄한 세계를 감동적으로 그려낸 좋은 시다.

　이처럼 작가는 자연에서 많은 것을 배우고 자연을 사랑하는 것 같다. 그중에서도 꽃 특히 매화를 사랑하는 것 같다. 매화와 관련된 시들이 많기 때문이다. 「매화에게」에서는 매화가 피기를 기다리는 심정과 봄보다 먼저 핀 매화를 보고 봄이 올 것을 예감하며 기쁨에 젖기도 하며, 매화를 부지런하고, 어여쁘고, 사랑스럽다고 하였다. 그리고 꽃송이를 "등불, 보석"으로 보고 있으며 "너로 인하여/내 가슴에도 등불이 켜졌어"라고 한다. 또한 매화가 "인고의 시간"을 견뎌내어 비로소 꽃이 되었기 때문에 "어둠의 광기도/네 앞에서는/기운을 잃고 마는구나//"라고 칭송하고 있다.

「봄나들이」에서는 매화를 '백옥 미인'으로 비유하고, 센 바람을 견디며, 농부가 농사짓는 동안 "꽃밥 한 상을 차려놓고/농부를 기다리는" 아리따운 아씨로 비유하고 있다. 「봉대산 홍매화」에서는 "올봄에도/잊지 않고 피어/내 마음/아름답게 물들이네//"라고 반가움과 고마움을 표현하고 있다.

꽃에 대한 사랑은 아름다움에 대한 사랑이며, 생명체에 대한 사랑이며, 크게는 자연에 대한 사랑이다. 이러한 사랑은 매화에 국한되지 않고 확장된다.

「씀바귀의 투혼」에서는 장미 그늘에서 기죽어 살다가 잡초로 뽑힐 위기에 처한 씀바귀의 투혼을 찬양하고 연민의 정을 노래하였고, 「질경이」에서는 시멘트에 둘러싸인 작은 공간에서 '승리의 깃발'을 든 질경이에서 삶의 교훈을 발견하고 있다. 작자는 이런 생명체에서 삶의 지혜를 발견하고 있다. 여기서 우리는 조 시인의 시선이 다분히 윤리적임을 알 수 있다.

다음 시를 보자.

꽃이 피는 것은/단지 열매를 맺기/위함만이 아니다//오염된 우리 마음/아름답게 선량하게/가꾸기 위해//꽃은 아무도 몰래/긴 어둠의 터널 뚫고 와/혼신을 다해 피워낸다//

- 「꽃이 피는 이유」 전문

이 시에서 우리는 인간 중심적인 사고를 읽을 수 있다. 꽃이 피는 이유를 열매 맺기(종족 보존의 본능)도 있지만 인간의 마음을 아름답게, 선량하게 하기 위해서 핀다고 본 것이다. 이는 사물을 윤리적으로 본 것이다. 여기서 꽃은 선행을 베풀되 그것을 자랑하지 않고 몰래 수행하며 긴 시련을 거친 후 혼신을 다해서 행한다. 이를 통해서 우리는 선행을 어떻게 베풀어야 하는 가를 알 수 있다. 또한 작가의 선행에 대한 인식 또는 가치관을 읽을 수도 있다. 이러한 윤리의식이나 가치관은 시인의 인생관과 연계되어 있다.

2. 모든 것은 변한다

2부의 시들 중에는 한 개인이 사회와의 관계 속에서 어떻게 살아가야 하는가를 고민하는 시들이 많은 것 같다. 이것들은 자아와 관련된 문제다.

시는 본질적으로 시적 주체인 자아(시인)와 관련이 있다. 그런데 이 자아는 고정된 것이 아니라 살아가면서 변하는 것이라고 한다. 연기설에서도 만물은 고정된 실체가 없다고 말한다. 따라서 이것들은 학습된 것이며 구성적이라 할 수 있다. 여기서는 이러한 자아가 어떻게 변하고 재구성되는지를 살펴보고자 한다.

이에는 「담쟁이의 꿈」, 「방생」, 「뿌리의 소망」, 「칡꽃」, 「어떤 위안」, 「어머니의 돈」, 「제비와 어머니」, 「풀꽃으로 피어난 애국혼」, 「신라 충신 박제상」 등이 있다.

벽만 보이면/망설임 없이 오르는/담쟁이도/그 벽 찾지 못해/땅바닥만 길 때도 있다//땅바닥을 기면서도/벽을 찾아가는/머나먼 고행길//바람에도 끄떡없는/든든한 나무둥치/돌담을 찾는다면//파란 하늘 품속에서/천년을 사는/단꿈에 젖으리라//

– 「담쟁이의 꿈」 전문

먼저 미학적인 문제를 살펴보자.

리듬은 4연, 각행이 5, 3, 3, 3행으로 3행 중심이다. 음보율을 보면, 2음보가 중심으로 간결하며 역동적 리듬을 가지고 있다. 이미저리를 살펴보면, 〈벽, 땅바닥, 나무둥치, 돌담 : 파란 하늘, 단꿈 = 문제(장애물) : 문제 해결 = 현실 : 이상〉의 대립체계이다. 장애물(시련)을 돌파하여 꿈을 이루는 이야기다.

여기서 시적 화자의 인생관은 '인생길에서는 누구나 좌절이 있을 수 있고, 인생길이 고행길'이라는 것이다. 그러나 포기하지 않으면, "천년을 사는/단꿈"을 이룰 수 있다는 것이다. 이러한 태도는 그의 자아와 관련이 있는데 그의 자아는 상당히 진취적이고 긍정적이다. 그래서 어조에 강한 의지가 배어 있다. 여기서 화자와 실제의 시인을 동일시할 때는 시인의 인생관을 읽을 수도 있다.

이 시에서 시간은 현재에서 미래로 진행된다. 거리는 차분하다. 수사는 상징이 중심이고 가정법이 하나 사용되었다. 낯설게하기는 4연에서 나타나고 있다.

이제 내용 문제를 살펴보자.

이 시에는 특별한 정서는 나타나지 않았다. 정서적이라기보다 지적이고 사색적이다.

이 시는 좌절을 해도 포기할 줄 모르는 도전 정신을 담쟁이의 생리를 통해서 형상화한 시로 볼 수 있다. 이 시의 이해를 위한 핵심은 '벽'을 어떻게 해석하는가에 따라 달라진다. 일반적으로 벽은 〈장애물, 시련, 고난, 사회적 억압〉 등의 상징이다. 그러나 이 시의 담쟁이에게 '벽'은 장애물이면서 동시에 목표를 성취할 수 있는 수단이다. 담쟁이는 벽을 찾고 있고, 벽이 있어야 꿈을 이룰 수 있기 때문이다. 두 번째 핵심어는 "땅바닥을 기는 것"이다. 이것은 〈좌절, 추락, 억압, 상실〉 등의 상징이다. "땅바닥을 기면서도/벽을 찾아가는"은 좌절 속에서도 포기하지 않는 도전 정신을 상징한다. 3연은 모색 혹은 탐색의 과정이다. 그리고 4연은 자아가 재구성되는 것을 상징한다고 볼 수 있다. 심층구조는 〈문제 : 문제 해결 = 현실 : 이상〉의 대립 체계다.

구조의 입장에서 이 시를 종합적으로 보면, 2음보의 음보율이 시를 역동적으로 만드는데 이바지하고 있고, 이미저리가 대립을 통해서 주제를 선명히 하고 있으며, 시간적 전개는 미래에 꿈을 이루는 과정을 뒷받침하고 있다. 4연의 낯설게하기가 이 시를 빛나게 하고 있다. 좌절을 해도 포기하지 않으면 꿈을 이룰 수 있다는 도전 정신을 상징의 수법으로 형상화한 좋은 작품이다.

늙으신 어머니가/자꾸만/돈을 주신다//받으면 기분 좋은 게/돈인데//어머니에게 돈을 받으면/왜 그런지 눈물이 난다//어

머니 돈에는/눈물이 가득 차 있는지//받을 때마다/눈물이 난다
//참아도/참아도//자꾸만 자꾸만/눈물이 난다//

– 「어머니의 돈」 전문

먼저 이 시의 형식적인 면들을 살펴보자.
리듬을 보면, 전체가 7연으로 구성되어 있고, 각 연은 1연을 제외하고 모두 2행으로 간결하다. 그리고 한 행은 2음보가 중심이 되어 있어 간결하고 경쾌한 리듬을 이루고 있다. 이미저리는 〈돈 : 눈물 = 물질 : 정서〉의 대립이 보인다. 그러나 여기서의 돈은 물질이지만 정의 상징이므로 돈과 정(사랑)은 같은 것이다. 어조는 슬프다. 시제는 현재이지만 과거의 기억을 회상하는, 과거와 현재가 혼융된 모습이다. 수시법은 반복법과 상징이 사용되었다. 주 정서가 슬픔이기 때문에 대상에 대한 화자의 정서적 거리는 가깝다. 낯설게하기는 참신함이 좀 약하긴 하지만 4연의 "돈에는 눈물이 가득차 있는지"를 들 수 있다. 심층구조는 〈물질 : 정서(슬픔)〉의 대립 체계다.

다음으로 이 시의 내용면을 살펴보자.
정서는 감사, 슬픔, 연민 같은 정서가 섞여 있다.
이 시는 어머니의 사랑에 대한 고마운 마음을 나타낸 시로 볼 수 있다. 이 시의 요지는 "어머니로부터 돈을 받으면 받을 때마다 눈물이 난다"는 것이다. 왜 눈물이 나는가? "어머니의 돈에는 눈물이 가득 차 있기 때문"이라고 추측하기 때문이다. 그 돈은 노인이 가난 속에서 힘들게 모은 돈이다. 그런데도 만날 때마다 자꾸 돈을 주는 것은 돈이 아니라 사랑을 주는 것이 된다. 화자의 눈물은

자신보다 자식을 먼저 생각하는 어머니의 희생적인 사랑 때문이다. 여기서 조 시인의 자아 형성이 어디서 왔는가를 알 수 있다. 인간의 자아는 최초로 그 부모로부터 학습된다고 볼 수 있는데 시인은 이런 순수한 모성애를 통해서 자아를 형성하였다고 볼 수 있다.

이제 아래의 시들에서 시인의 자아가 어떻게 형성되고 확장되는지를 살펴보자.

먼저 아버지로부터는 무엇을 보고 자아를 형성하였을까? 이 시집의 표제 시인 「뜨개질하는 아버지」에서 그것을 알 수 있다. 여기서 아버지는 다른 역할도 하겠지만 뜨개질이라는 특이한 행동으로 교훈을 주고 있다.

"아버지는 남이 버린/털옷 구해/일일이 풀어서 실패에 감은 다음/알록달록한 털실로 뜨개질을 하셨다/"고 하였다. 여기서 아버지는 검소함, 근면함을 행동으로 가르치고 있다. 그리고 "뜨개 작품 완성될 때마다/배꽃같이 피어나던 아버지의 하얀 웃음/"에서는 노동에 대한 자족감, 가족에 대한 사랑 같은 걸 느낄 수 있게 한다. 시인은 이런 아버지가 "세월이 흐를수록/더욱 그리워진다"고 하고 있다. 이 또한 시인의 자아 형성에 중요한 한 몫을 하였으리라 생각된다. 이처럼 우리는 시를 통해서 그 시인의 자아(주체) 형성을 파악할 수 있는 것이다. 그런데 이러한 자아는 고정된 실체가 아니라 그가 살아온 환경(사회)에 따라 지속적으로 변한다.

다음 시들에서 우리는 시인의 자아 형성이 부모에서 가정으로 확대되어 재구성됨을 볼 수 있다.

「제비와 어머니」에서는 부모를 모시지 않는 불효자식을 제비가

꾸짖는 우화적 형식을 빌어 말하고 있다. 시인의 자아는 여기서 반성적 자아로 바뀌고 있다.

「뿌리의 소망」에서 시인은 광부 같은 삶을 살아왔는데 이제 태양과 하늘과 새들을 바라보며 살고 싶다고 부르짖는다. 그리고 소중한 자식들과 살고 싶다고 한다. 여기서 자아는 자유를 그리워하고 가족의 소중함을, 사람다운 삶을 갈구한다. 이것은 지금까지의 자아를 반성하고 새로운 자아를 형성하는 노력이라고 볼 수 있다.

이제 자아는 사회로 확장되며 재구성된다.

「어떤 위안」에서는 못난 것들이 더 좋을 때가 있다는 진리를 깨달음으로써 자아가 재구성되며, 「칡꽃」에서는 사물에는 양면성이 있음을 깨닫고, 「방생」에서는 생명 사랑과 욕심을 버려야 한다는 삶의 이치를 깨달음으로써 자아가 재구성된다.

마지막으로 자아는 국가로 확장된다.

「풀꽃으로 피어난 애국혼」에서는 풀꽃 같은 백성들이 내 고장 내 나라를 위해 충성을 다하는 모습을 통하여 국가관을 형성하고 있고, 「신라의 충신 박제상」에서는 역사적 인물의 행적을 통해서 '목숨을 건 충성심'을 학습함으로써 자아를 재구성하고 있다. 이렇게 시인의 자아는 지속적으로 변화하며 확장된다.

3. 감사와 안분지족

3부의 시들에는 대체로 감사하는 마음과 안분지족의 삶의 태도를 표현하는 시들이 많다. 「가을볕」, 「일광해수욕장」, 「쑥부쟁이」, 「울릉도 취나물 꽃」, 「안분지족」, 「신발의 독백」, 「뭉게구름」, 「무상」 등이 그것이다.

그대와 함께 있으면/꽃길을 걷는 듯/그저 기쁘기만 합니다//하루 종일 들어도/싫지 않은 그대의 숨소리/그대의 따뜻한 미소//그대의 손길에 들판은 여물고/그대의 미소에/과일은 단맛을 채웁니다//은혜로운 그대여!/그대의 따스한 품속에서/들판은 풍년가를 부릅니다//

- 「가을볕」 전문

먼저 미학적 형식을 보면,
리듬은 4연으로 구분되어 있고, 각 연은 3행으로 고르다. 그리고 2, 3음보가 중심을 이루고 있다. 이러한 리듬은 평안하고 경쾌한 느낌을 준다. 구성을 보면, 4연의 적당한 분량을 가지고 있고, 1, 2연은 기쁨의 정서, 3, 4연은 감사하는 마음(인식)을 담은 대조적 구성을 취하고 있다. 이미저리를 보면, 〈꽃길, 미소 : 단맛, 풍년가 = 기쁨 : 감사 = 정서 : 인식〉의 대립을 보인다. 시적 화자는 만상을 신의 역사하심으로 믿고 기뻐하고 감사하는 사람으로 나타나 있다. 이는 화자의 세계관을 표현한 것으로 작가의 세계관으로 볼 수도 있다. 어조는 경어체의 여성적 목소리로 다정하고 긍정적이다. 시점은 3인칭 시점이고 따라서 대상과의 거리도 객관성을 유지하고 있다. 시간은 현재형이다. 수사법은 의인법, 상징, 돈호법이 적절히 사용되었다. 낯설게하기는 4연의 끝에 있다.
내용면을 보면, 이 시의 정서는 기쁨과 감사(만족감)이다. 주제는 가을(신)이 주는 기쁨과 감사라고 할 수 있다.

　이상의 형식과 내용을 종합해 보면, 경쾌한 리듬이 정서와 잘 조화되며, 주제와도 잘 어울린다. 대조적 구성도 주제를 효과적으로 드러내는데 기여하고 있다. 또한 대립적 이미저리는 주제를 선명하게 드러내는 역할을 하고 있다. 수사법에서 가을을 의인화하고 제목인 가을볕으로 은총을 상징한 것도 아주 적절한 수사로 볼 수 있다. 3, 4연에서 자연스럽게 신의神意를 느끼게 한 표현도 좋다. 4연의 낯설게하기도 이 시의 예술성을 높이고 있다.

　이 시의 이해는 '그대'를 어떻게 해석하는가에 달려 있다. 전반부에서는 가을이 의인화되어 있어서 연인 같은 느낌을 주지만 후반부에 오면 그대는 신격화되어 있다. 계절(자연)이 주는 풍요가 신의 은총임을 깨닫는 신앙적인 세계관이나 인생관을 형상화한 시로 간결하지만 깊이 있는 좋은 시이다.

　주제에서 이 시와 연관성이 있는 시에는 「일광해수욕장」과 「쑥부쟁이」가 있다.

　전자는 윤선도의 정신 또는 행적을 노래한 시로 〈하늘이 그 눈물을 기억하고, 하늘이 그 아픔을 알고, 하늘이 그 최고로 아름다운 것을 골라주고, 그의 붉은 마음이 하늘에 닿아서 하늘이 그(아름다운 꽃 한 송이)를 충절의 고장 기장에 안겨 주었다〉고 진술하고 있다. 여기서 하늘은 신이다. 그러므로 이 모든 일은 신이 하신 것이므로 감사하다는 것이 주제다.

　후자는 박해 속에서도 꽃을 피운 쑥부쟁이에게 감사하고 용서를 비는 시로 시적 자아의 꽃에 대한 감사하는 마음이 간접으로 나타나 있다.

다음 안분지족安分知足의 인생관을 드러낸 시들을 보자.

배를 채운 청둥오리/볕살 이불 덮고/꿈나라 여행 중이다//배고 프면 먹이 찾고/배 채우면 미련 없이 뭍으로 올라와/오수午睡를 즐긴다//번뇌도 모르고/욕심도 모르는/저 고요함//

－「안분지족安分知足」 전문

미적 형식을 살펴보자.

리듬은 3연, 각 연은 3 또는 4행이다. 한 행은 2음보가 중심으로 경쾌한 리듬이다.

이미저리를 보면, 〈볕살 이불, 꿈나라, 오수, 고요함 : 배고픔, 번뇌, 욕심 = 무욕(해탈) : 욕심(번뇌)〉의 대립으로 짜였다. 시적 자아는 순리대로 인연 따라 사는 편안함을 즐기는 해탈자의 모습이다. 그리고 전통적 가치를 존중하는 태도를 보인다. 어조는 차분하고 관조적이다. 시점은 3인칭 시점으로 객관적 거리를 확보하고 있다. 수사는 의인법과 은유가 중심이다. 낯설게하기는 3연의 "저 고요함"이다. 해탈의 경지, 무욕의 삶을 은유한 것이다.

내용면을 보면, 시상은 〈1연 : 잠자는 오리의 모습, 2연 : 욕심 없이 분수대로 산다(안분), 3연 : 지족〉으로 구성되었다. 주제는 제목과 같이 안분지족이다. 심층구조는 〈무욕(해탈) :욕심(번뇌)〉의 대립체계다.

이를 종합적으로 보면, 2음보의 경쾌한 리듬은 경쾌한 해탈을 잘 드러내고, 대립적인 이미지 구성은 주제를 선명하게 한다. 어조도 주제와 잘 어울린다. 3인칭 시점은 관조적 태도와 어울리며 시의 무게를 지탱한다. 낯설게하기 '저 고요함'은 매우 함축적이어서 이 시의 백미가 되고 있다.

이 시에서 우리는 어떻게 살아야 하는가에 대한 시인의 철학을 읽을 수 있다. 전통적 가치의 재발견으로 자아의 확대를 볼 수 있는 시이다.

삶에 대한 이러한 태도는 「울릉도 취나물 꽃」으로 이어진다. 이 시에서 화자는 자기 욕심에 꽃을 꺾어 와 꽃병에 꽂아놓고 그 아름다움을 즐긴다. 그러다가 문득 욕심에 눈이 멀어 그대의 아픔을 미처 알지 못했다고 후회하며 반성한다. 이는 욕심을 버려야 함을 깨닫는 '지족知足'의 경지이다.

「무상無常」에서는 사람의 사랑을 독차지하던 키 큰 소나무가 재선충병에 걸려 죽을 지경이 되니 모두가 못 본 척 지나간다는 이야기로 여기서 화자는 무상감을 느낀다. 무상감을 느낀다는 것은 사람의 일이란 언제 어떻게 될지 모르므로 안분지족해야 한다는 뜻이 간접적으로 들어 있는 것이다.

「뭉게구름」에서 화자는 난폭한 바람에도 요동이 없는 뭉게구름의 초연함을 본받고 싶다고 말하고 있다. 이런 초연한 태도는 욕심이 없다는 점에서 안분지족과 관련된다.

「신발의 독백」은 '안분지족'을 그대로 형상화한 시라고 할 수 있다.

이 시는 신발을 의인화하여 1인칭 고백체로 표현하고 있는데 "자신의 본분을 안다는 건 중요한 일이야/내게 주어진 바닥 인생, 결코 나쁘지 않아//"라고 직설법으로 이야기하고 있어서 안분지족의 설명문이라고 할 정도이다.

4. 행복 찾기

4부의 시들은 대체로 자아의 '행복 찾기'와 관련된 시들이 많다. 이와 관련된 시들은 「행운을 줍다」, 「공짜 없는 삶」, 「정」, 「건강이 최고」, 「출근하는 남편」, 「행복은 언제 오는가」 등이다.

> 아버지와 어린 남매/춤추듯 산을 내려온다//물어보지도 않았는데/남자아이 주먹 펼쳐 보이며/한주먹 주운 알밤, 도토리/자랑이 구수하다//잘 여물어 토실토실한/알밤보다/꼽사리 끼어 수줍은 듯 누운/도토리보다/어린 남매의 활짝 핀 얼굴에/눈길이 머문다//젊은 아버지의/맑은 얼굴에 솟아나는 기쁨//행복이/미리 와 있었던가 보다//
>
> ―「행복은 언제 오는가」 전문

먼저 이 시의 미적 형식을 살펴보자.

리듬은 5연이고, 각 연은 2, 4, 6으로 불규칙적이다. 음보율은 대체로 2, 3음보로 경쾌하다. 이미저리를 보면, 어린 남매, 알밤, 도토리, 젊은 아버지 등 밝은 이미지로만 구성되어 있다. 대립되는 어두운 이미지가 하나도 없다는 게 특징이다. 어조 또한 밝다. 대상과의 거리는 적당하다. 시점은 3인칭 관찰자의 시점이다. 수사는 직유, 의인, 비교법이 사용되었다. 낯설게하기는 2연의 "자랑이 구수하다"를 들 수 있다.

내용면에서 보면, 이 시의 정서는 이미지 분석에서 보듯이 밝고 환하다. 기쁨과 행복감이 넘친다. 화자의 태도가 〈행복은 미리 와 있는데 우리는 그것을 모르고 있다〉는 태도를 보이고 있기 때문에 주제는 행복은 무엇인가? 어떨 때 행복을 느끼는가? 등 '행복의 본질에 대한 사유'라고 할 수 있을 것이다.

　이를 종합해 보면, 이 시는 경쾌한 리듬과 밝은 이미지와 밝은 어조가 밝고 환한 정서를 잘 드러내고 있고, 행복의 본질이 무엇인지를 깊이 사유하게 하는 시다.

　이제 이와 관련된 시들을 살펴보자.
　먼저 행복의 조건은 무엇인가?
　「건강이 최고」라는 시에서 화자(작가)는 장염에 걸려서 고생하고 나니 건강이 최고라는 걸 깨닫는데 "몸이 웃으니 그제야 마음이 웃는다"고 진술하고 있다. 건강해야 행복할 수 있다는 말이다. 여기서 우리는 시인이 건강을 행복의 첫째 조건으로 생각한다는 것을 알 수 있다.
　그 다음으로 중요한 것은 남편(가족)이다. 「출근하는 남편」에서 화자(시인)는 "든든한 남편 덕에/마음 편히/성전을 지키는/나는 복 많은 여자/"라고 말하고 있다. 복 많은 여자는 곧 행복한 여자이다. 마음이 편하고 가정이 화평한 것이 행복의 조건이 되고 있다.
　그 다음으로 시인은 다정한 초로의 부부에게서 행복을 발견한다.
　「정」이라는 시에서 시인은 다정한 초로의 부부를 보고 "걸음걸음 웃음소리/꽃잎처럼 떨어지고/지우고 싶은 세월의 흔적도/별이 되어 빛난다//"고 하였다. 다정함 – 서로 사랑하는 것 거기에서 행복이 온다고 생각하는 것이다.

다음으로 볼 시는 「행운을 줍다」이다.

여기서 시인은 어떤 이가 떨어뜨린 행운을 주어서 꿈이 실현되는 이야기를 한다. 그래서 행복해하는 모습을 보여주고 있다. 행운도 행복의 한 요소가 될 수가 있다는 생각이다.

이제 작자는 「공짜 없는 삶」에서 세상 이치가 연기적이라는 생각에 이른다. 모든 현상은 조건이 있기 때문에 일어나고 어떤 조건 때문에 사라진다고 생각하는 것이다. 그래서 "바다가 살아있기에/ 쉼 없이 물결이 일고/작은 바람에도/갈기 세우는 파도(가 있다)//내가 살아있기에/크고 작은 시련/성가신 손님처럼 찾아오고/반갑지 않은 근심 걱정/잡풀처럼 돋아난다//"고 한다. 이 이야기의 배면에는 행복도 마찬가지라는 생각이 숨어 있다. 행복도 공짜로 오는 게 아니라는 생각이다.

이상으로 시인의 행복관을 좀 거칠게 살펴본 셈이다. 시는 정서만 표현하는 게 아니고 사상과 지식, 심리도 표현한다. 조 시인의 시에는 정서도 표현되어 있지만 사상이 오히려 더 승한 게 아닌가 할 정도로 사상, 철학, 인생관 등이 많이 표현되어 있는 것 같다.

조원희 시인의 이번 시집의 특징은 인생, 자연, 세계, 신, 행복 등 무거운 주제들을 경쾌한 리듬과 선명한 이미지로 풀어낸 시들이 많다는 것이다. 정서가 지성으로 통제되어 있어 조금 딱딱한 느낌이 있지만 지적이고 사유의 깊이가 있어 좋다. 앞으로 예술성을 더 높이는 방향으로 노력한다면 금상첨화가 아닐까 한다.

더욱 정진하여 대성하기를 빈다. 끝.

뜨개질하는 아버지

인쇄일 2025년 10월 23일
발행일 2025년 10월 27일

지은이 조원희
펴낸이 박선옥
펴낸곳 도서출판 문심

등록번호 제2017-000012호
주소 부산시 수영구 수영로 668 810호 (광안동 화목O/T)
전화 010-2831-4523
메일 psok0403@hanmail.net

ISBN 979-11-90511-36-0   03800

값 13,000원

∧∧/ 한국예술인복지재단
* 본 도서는 2025년 한국예술인복지재단 창작 지원(디딤돌)으로 제작되었습니다.

저작권자 ⓒ 2025, 조원희
이 책의 저작권은 저자에게 있습니다. 서면에 의한 저자의 허락없이 내용의 일부를 인용하거나 발췌하는 것을 금합니다.